LA LUZ Y EL COLOR

T0018287

KATHLEEN CONNORS

TRADUCIDO POR ALBERTO JIMÉNEZ

Gareth Stevens
PUBLISHING

ENCONTEXTO

Please visit our website, www.garethstevens.com. For a free color catalog of all our high-quality books, call toll free 1-800-542-2595 or fax 1-877-542-2596.

Cataloging-in-Publication Data

Names: Connors, Kathleen.
Title: La luz y el color / Kathleen Connors.
Description: New York : Gareth Stevens Publishing, 2019. | Series: Conoce las ciencias físicas | Includes index.
Identifiers: LCCN ISBN 9781538227787 (pbk.) | ISBN 9781538227770 (library bound) | ISBN 9781538227794 (6 pack)
Subjects: LCSH: Light--Juvenile literature. | Color--Juvenile literature.
Classification: LCC QC360.C645 2019 | DDC 535--dc23

First Edition

Published in 2019 by
Gareth Stevens Publishing
111 East 14th Street, Suite 349
New York, NY 10003

Copyright © 2019 Gareth Stevens Publishing

Translator: Alberto Jiménez
Editorial Director, Spanish: Nathalie Beullens-Maoui
Designer: Samantha DeMartin
Editor, Spanish: María Cristina Brusca

Photo credits: Series art Creative Mood/Shutterstock.com; cover, p. 1 Pavel_Klimenko/Shutterstock.com; p. 5 (lamp) Lijphoto/Shutterstock.com; p. 5 (flame) MICROSONE/Shutterstock.com; p. 5 (flashlight) MargoLev/Shutterstock.com; p. 5 (christmas lights) FoapAB/Shutterstock.com; p. 7 oorka/Shutterstock.com; p. 9 Designua/Shutterstock.com; p. 11 Happy Stock Photo/Shutterstock.com; p. 13 ferocioussnork/Shutterstock.com; p. 15 Praphan Jampala/Shutterstock.com; p. 17 AHonaker/Shutterstock.com; p. 19 (transparent) wavebreakmedia/Shutterstock.com; p 19 (translucent) SOLOTU/Shutterstock.com; p. 19 (opaque) joloei/Shutterstock.com; p. 21 Ray B Stone/Shutterstock.com; p. 23 (both) GIPhotoStock/Science Source/Getty Images; p. 25 (top) Yana Alisovna/Shutterstock.com; p. 25 (bottom) mikeshinmaksim/Shutterstock.com; p. 27 Pressmaster/Shutterstock.com; p. 29 piyaphong/Shutterstock.com; p. 30 (rainbow) EGOR_21/Shutterstock.com; p. 30 (prism) Pro Symbols/Shutterstock.com; p. 30 (eye) browndogstudios/Shutterstock.com.

Printed in the United States of America

CPSIA compliance information: Batch #CS18GS: For further information contact Gareth Stevens, New York, New York at 1-800-542-2595.

CONTENIDO

Las palabras del glosario se muestran en **negrita** la primera vez que aparecen en el texto.

TODA LA LUZ QUE PODEMOS VER

La luz de una lámpara o una linterna es luz visible, o luz que podemos ver; pero hay tipos de luz invisibles, que no pueden verse. Toda la luz es radiación **electromagnética**. La radiación es **energía** que se mueve y que se extiende al moverse.

SI QUIERES SABER MÁS

La luz visible es una pequeña parte del **espectro** electromagnético.

5

¿QUÉ ES LA LUZ?

La luz está compuesta por diminutas **partículas** llamadas *fotones*. El movimiento de los electrones crea fotones. A veces, un electrón gana energía y se traslada a un orbital más alto de un átomo. Cuando vuelve a caer al nivel energético bajo, desprende un fotón.

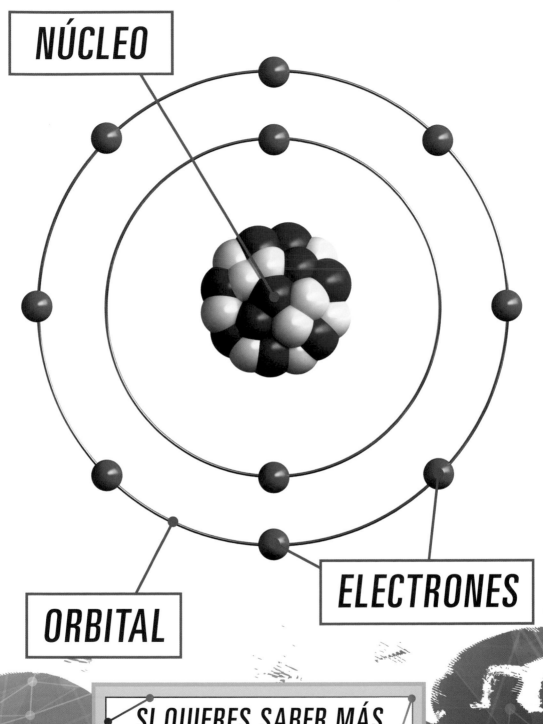

NÚCLEO

ELECTRONES

ORBITAL

SI QUIERES SABER MÁS
Las partes de un átomo con carga negativa
son los electrones.

La luz se mueve por el espacio como una ola, u onda. Una onda es algo que viaja por el espacio y por la materia, es energía en movimiento que se traslada de un lugar a otro. La luz es una parte del espectro electromagnético y puede tener longitudes de onda cortas o largas.

SI QUIERES SABER MÁS

Los rayos gamma tienen las longitudes de onda más cortas del espectro electromagnético. Las ondas de radio, las más largas. La luz visible está en mitad del espectro.

EL ESPECTRO ELECTROMAGNÉTICO

10^3

1

10^{-3}

10^{-5}

10^{-7}

10^{-9}

10^{-11}

10^{-13}

ONDAS
DE RADIO

MICROONDAS

RADIACIÓN
INFRARROJA

LUZ
VISIBLE

LUZ
ULTRAVIOLETA

RAYOS X

RAYOS GAMMA

9

EL CALOR HACE LA LUZ

Para crear fotones, los átomos necesitan energía. Estos son a menudo energizados por el calor. Por ejemplo, en los antiguos focos, la electricidad calienta el **filamento** que emite luz. La combustión —quemar algo— es otra manera de crear fotones.

SI QUIERES SABER MÁS

La combustión sucede cuando
la materia se mezcla con el oxígeno,
arde y desprende luz y calor.

LA FRECUENCIA ES
COLOR

El número de ondas que pasa por un punto en un segundo es la frecuencia de onda. En la luz visible, la frecuencia se llama *color*. Los fotones tienen un color basado en la energía emitida por el movimiento de los electrones.

SI QUIERES SABER MÁS

La luz de alta frecuencia tiene alta energía. Las siglas de los colores del arco iris, "RNAVAIV", ayudan a recordar el color de más energía, el rojo, y el de menos energía, el violeta.

13

¿TIENE BLANCO?

A menudo parece que la luz, como la solar o la de una lámpara, no tiene color alguno, y esa luz se suele llamar *blanca*. ¡Pero el blanco no es un color del espectro electromagnético! La luz blanca es una mezcla de muchos colores.

SI QUIERES SABER MÁS

Cuando un metal se calienta, se pone rojo.
Si se calienta más, se vuelve blanco. Eso
significa mucha energía añadida,
¡es decir, que está muy caliente!

REFLEXIÓN

La luz **interactúa** con la materia. Cuando se proyecta sobre una **superficie** lisa, esta la devuelve. Esto es la reflexión. La luz se refleja en una superficie lisa con un **ángulo** igual al ángulo con el que incide (se proyecta) sobre la superficie.

SI QUIERES SABER MÁS

La luz se refleja también en las superficies no lisas. Cuando cae sobre una superficie irregular, se dispersa, o refleja, en todos los ángulos. ¡Eso nos permite ver qué hay en la superficie!

PASAR A TRAVÉS

La luz no puede pasar a través de ciertos materiales llamados cuerpos opacos, como la madera o el caucho. Los materiales transparentes, como el vidrio, permiten el paso de la luz visible: lo que está a un lado de un cuerpo transparente puede verse desde el otro lado.

OPACO

TRANSPARENTE

TRANSLÚCIDO

SI QUIERES SABER MÁS

Un material translúcido deja pasar la luz,
pero lo que hay por detrás de él
no se ve con claridad.

19

REFRACCIÓN

Tanto el aire como el agua son **medios** transparentes. Cuando las ondas de luz pasan de un medio transparente a otro, cambian de velocidad y se doblan. Esto se llama *refracción*. Cuánto se dobla la luz depende de qué tanto disminuya la velocidad de las ondas.

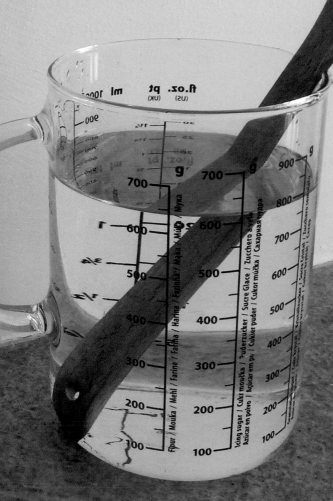

SI QUIERES SABER MÁS

Cuando viaja en el **vacío**, la velocidad de la luz es de ¡186,000 millas (300,000 km) por segundo!

Las lentes, como las que llevan un par de gafas, usan la refracción. Las lentes están hechas de material transparente con lados curvos. La lente convexa, más gruesa en el centro, dobla la luz para **enfocarla** sobre un punto.

SI QUIERES SABER MÁS

La lente cóncava, más fina en el centro, dispersa los rayos de luz.

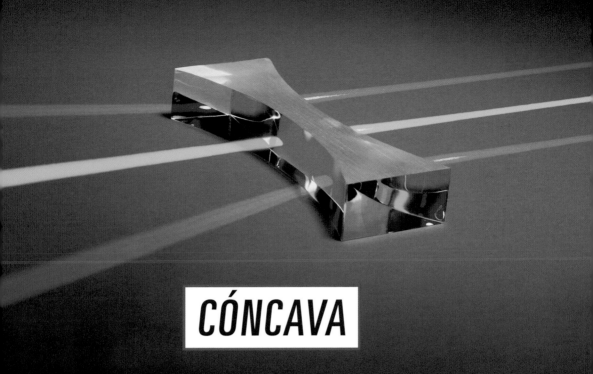

CÓNCAVA

CONVEXA

¡UN ARCO IRIS!

Los científicos encontraron una manera de usar la refracción para dividir la luz blanca en un arco iris. Al hacer que la luz atraviese un prisma, las diferentes longitudes de onda se doblan con distintos ángulos. ¡Esto provoca que los colores aparezcan por separado!

SI QUIERES SABER MÁS

Un prisma triangular es un objeto sólido y transparente con dos bases triangulares y tres lados planos.

DISPERSIÓN DE LA LUZ BLANCA

LUZ BLANCA

ESPECTRO VISIBLE

PRISMA

VER A COLOR

La mayoría de los objetos que nos rodean tienen un color. Eso se debe a que el material del que están hechos, y la pintura o el tinte que los cubre absorben todos los colores excepto el que vemos, el visible. ¡El objeto refleja el color, o la frecuencia, que vemos!

SI QUIERES SABER MÁS

Un material que parece blanco refleja todas las longitudes de onda. ¡Un material negro las absorbe todas!

Para ver el color, nuestros ojos y cerebro trabajan juntos. Las partes del ojo llamadas *bastones* y *conos* reciben luz y la llevan a través de los nervios hasta el cerebro. ¡Este nos dice entonces qué color estamos viendo!

SI QUIERES SABER MÁS

Hay muchos animales que también ven el color. Algunos, como las abejas, ven incluso tipos de luz ¡que las personas no percibimos!

29

FUNDAMENTOS DE
LA LUZ Y EL COLOR

Solo vemos una parte de la luz que nos rodea.

La luz está compuesta por fotones, que son partículas.

La luz se mueve en ondas electromagnéticas.

Los colores tienen distintas longitudes de onda.

La luz blanca contiene todos los colores.

La materia refleja, refracta o absorbe la luz.

El color se ve gracias a las frecuencias que la materia absorbe o refleja.

GLOSARIO

ángulo: espacio que se forma cuando dos líneas o dos superficies se unen en un punto.

electromagnético: relacionado con la influencia de las corrientes eléctricas sobre los campos magnéticos.

energía: capacidad para hacer un trabajo.

enfocar: dirigir algo hacia otra cosa.

espectro: gama de algo, como longitudes de onda.

filamento: cuerpo con forma de hilo, como el que ocupa el interior de los focos antiguos.

interactuar: ejercer un efecto recíproco.

medio: materia o entorno en que sucede algo.

partícula: parte muy pequeña de algo.

superficie: capa más externa de un cuerpo.

vacío: espacio que no contiene ningún tipo de materia.

PARA MÁS INFORMACIÓN

LIBROS

Bell, Samantha. *Color and Wavelengths*. Ann Arbor, MI: Cherry Lake Publishing, 2018.

James, Emily. *The Simple Science of Light*. North Mankato, MN: Capstone Press, 2018.

SITIOS DE INTERNET

El color: ¿Qué es?

www.crayola.com/for-educators/resources-landing/articles/color-what-is-color.aspx

Lee más sobre el color y mira experimentos y actividades sobre lo que has aprendido.

Nota del editor para educadores y padres: nuestro personal especializado ha revisado cuidadosamente estos sitios web para asegurarse de que sean apropiados para los estudiantes. Muchos sitios web cambian con frecuencia, por lo que no podemos garantizar que posteriores contenidos que se suban a esas páginas cumplan con nuestros estándares de calidad y valor educativo. Tengan presente que se debe supervisar cuidadosamente a los estudiantes siempre que tengan acceso al Internet.

ÍNDICE